Celebremos la
diversidad
hispana

LA GENTE Y LA CULTURA DE VENEZUELA

Elizabeth Borngraber

Traducido por Esther Sarfatti

PowerKiDS
press.

New York

Published in 2018 by The Rosen Publishing Group, Inc.
29 East 21st Street, New York, NY 10010

First Edition

Translator: Esther Sarfatti
Editorial Director, Spanish: Nathalie Beullens-Maoui
Editor, Spanish: María Cristina Brusca
Book Design: Rachel Rising

Photo Credits: Cover, Inti St Clair/Blend Images/Getty Images; Cover (background) apomares/E+/Getty Images; Cover, p. 1 https://en.wikipedia.org/wiki/File:Flag_of_Venezuela_(state).svg; p. 5 iStockphoto.com/jimmyvillalta; p. 7 Alice Nerr/Shutterstock.com; p. 9 davidluna/RooM/Getty Images; p. 11 FEDERICO PARRA/Stringer/Getty Images; p. 12 Kobby Dagan/Shutterstock.com; p. 13 Horst P. Horst/Conde Nast Collection/Getty Images; p. 15 JUAN BARRETO/AFP/Getty Images; p. 17 GUILLERMO LEGARIA/afp/Getty Images; p. 19 https://commons.wikimedia.org/wiki/File:Yukpa_dance.jpg; p. 21 Raphael GAILLARDE/Gamma-Rapho/Getty Images p. 23 Everett Historical/Shutterstock.com; p. 24 Olaf Speier/Shutterstock.com; p. 25 EDUARDO SOTERAS/AFP/Getty Images; p. 27 Photo Works/Shutterstock.com; p. 29 Shaun Botterill/Getty Images Sport/Getty Images; p. 30 Brothers Good/Shutterstock.com.

Cataloging-in-Publication Data

Names: Borngraber, Elizabeth.
Title: La gente y la cultura de Venezuela / Elizabeth Borngraber
Description: New York : PowerKids Press, 2018. | Series: Celebremos la diversidad hispana | Includes index.
Identifiers: ISBN 9781538327098 (pbk.) | ISBN 9781508163015 (library bound) | ISBN 9781538327531 (6 pack)
Subjects: LCSH: Venezuela–Juvenile literature. | Venezuela–Social life and customs–Juvenile literature.
Classification: LCC F2308.5 B67 2018 | DDC 987–dc23

Manufactured in the United States of America

CPSIA Compliance Information: Batch #BS16PK: For Further Information contact Rosen Publishing, New York, New York at 1-800-237-9932

CONTENIDO

UN PAÍS MUY DIVERSO

La República Bolivariana de Venezuela goza de una variedad de paisajes y recursos naturales que contribuyen a su belleza. La **cultura** de Venezuela es el hermoso resultado de una mezcla de varias culturas. Después del comienzo de la **colonización**, en el siglo XVI, empezaron a mezclarse las culturas **indígenas** con la española y la africana. La mayoría de las familias venezolanas tienen sus raíces en una combinación de estas tres culturas.

Venezuela es una país de **inmigrantes**, y por esto la mayoría de su gente es de **herencia** mixta. La palabra que describe a la gente de herencia mixta, española e indígena, es mestizo. Estas combinaciones han resultado en una rica mezcla de tradiciones culturales. Más de 31 millones de personas viven y trabajan en Venezuela. Todas contribuyen a la cultura siempre cambiante de su país, unidas bajo la bandera de Venezuela.

La ciudad de Caracas es la capital de Venezuela.

El lenguaje es importante

Tal vez hayas oído a la gente usar la palabra "hispano" para describir a una persona, cuando en realidad debería decirse "latino". Estas palabras se confunden a menudo, pero no significan lo mismo. "Latino" es la palabra que describe a una persona que vive en Estados Unidos cuyos **antepasados** son de América Latina. Existen personas que prefieren no usar ninguno de estos dos términos a la hora de describirse. Cuando alguien te dice cómo quiere hablar de su identidad, es importante respetar sus deseos y usar el lenguaje que esa persona prefiere.

En su tercer viaje a América, en 1498, Cristóbal Colón llegó a Venezuela cuando exploraba el golfo de Paria. Colón se quedó asombrado por la belleza de la región, por eso la llamó Tierra de Gracia. En Venezuela existen muchos paisajes espectaculares, que se reparten entre sus muchas millas de costa, montañas y selvas.

Venezuela se encuentra en el extremo norte de América del Sur. Tiene 1,740 millas (2,800 km) de costa que dan al mar Caribe y al océano Atlántico. En la parte occidental del país, la cordillera de los Andes se extiende hacia el mar. Colinas y valles cubren la mayor parte del sudoeste, con grandes tepuyes que hacen frontera con Brasil. Un tepuy es una montaña de cima plana, parecida a una meseta. Los tepuyes tienen estaciones lluviosas y secas, igual que el resto de Venezuela.

Con una altura de 3,212 pies (979 m), el Salto del Ángel, en Venezuela, es la catarata más alta del mundo. Este salto de agua fue la inspiración para "las cataratas del Paraíso" en la película *Up* de Disney/Pixar, estrenada en 2009.

Biodiversidad

Venezuela tiene una gran biodiversidad, lo cual significa que existe mucha variedad de especies vegetales y animales en el país. Casi 250 especies de mamíferos viven en Venezuela, entre ellos jaguares, perezosos, pumas y monos aulladores. En Venezuela también hay anacondas, las serpientes más grandes del mundo. Muchas plantas y flores se encuentran en la región amazónica del país y en las cimas de los elevados tepuyes.

Hace mucho tiempo, en Venezuela vivieron muchos pueblos indígenas que se instalaron en las selvas tropicales y a lo largo de las costas. Debido a las diferentes condiciones de cada lugar, cada grupo desarrolló su cultura **particular**, así como su propio idioma y estilo de vida.

Uno de estos pueblos, los chibchas, vivió en la cordillera de los Andes, donde se dedicaba a cultivar la tierra. El maíz y las papas eran algunos de los alimentos que cultivaban. Cerca de los ríos, vivieron grupos como los waraos, **nómadas** que se dedicaban a la caza y recolección. El pueblo añú, que vivió en la costa, construía sus casas sobre postes de madera para protegerse de las serpientes. Al vivir cerca del agua, los añú tenían una fuente constante de alimentos, como peces y otros recursos marinos.

Algunos pueblos indígenas aún viven hoy en Venezuela, donde constituyen una pequeña parte de la población. La mayoría vive en la selva amazónica y otras partes remotas del país.

Algunos miembros del pueblo warao y otros grupos aún viven en las orillas del río Orinoco.

La esclavitud en Venezuela

A finales del siglo XVI, los exploradores españoles establecieron nuevos asentamientos en Venezuela. Querían ganar dinero a través del comercio y del descubrimiento de bienes como las perlas y el oro. Estos nuevos colonos lucharon contra los pueblos indígenas de la región. Cuando los indígenas perdían estas batallas, los europeos solían convertirlos en esclavos. Durante esta época, los españoles también obligaron a muchos africanos a ir a Venezuela como esclavos.

Según iba llegando más gente a Venezuela, las culturas de los pueblos indígenas se mezclaron con las tradiciones españolas, europeas y africanas; y así se formaron nuevas creencias religiosas. Actualmente, casi el 90% de los venezolanos son católicos, mientras que el resto son protestantes, judíos y musulmanes. La misa católica se celebra a diario en las iglesias locales.

Muchos venezolanos también rinden culto a María Lionza, una sanadora de piel clara y ojos verdes que era hija de un jefe indígena. También existen muchas **leyendas** acerca de María Lionza; en Caracas, la capital de Venezuela, se encuentra una estatua de ella. Sus seguidores celebran **rituales** llamando a los espíritus para que los ayuden a sanar y conocer el futuro. Estos rituales incluyen música, danza y ofrendas a los espíritus.

Un seguidor de María Lionza camina por las llamas durante un ritual.

11

La gente indígena suele vestirse con telas hechas a mano. Sin embargo, la mayoría de los venezolanos lleva ropa de estilo occidental que, además, es adecuada para el clima. La ropa tradicional venezolana se utiliza solamente en ocasiones especiales.

El vestido tradicional mexicano que lleva esta mujer es parecido a los vistosos vestidos que se usan en Venezuela.

El liquilique, traje tradicional de los hombres, consiste en una camisa y un pantalón de algodón blanco con botones dorados. Este traje a veces se abrocha con piel o con una faja. Es parecido al traje que llevaban los llaneros o vaqueros venezolanos tradicionales. El conjunto clásico para las mujeres consiste en una blusa con volantes y una falda larga. Estas faldas vienen en muchos colores. En los festivales se usan los trajes tradicionales y también otros más elaborados de colores llamativos.

DÍAS FESTIVOS Y FESTIVALES

Como Venezuela es un país católico, muchos de los días festivos y los festivales que se celebran están relacionados con la religión. La fiesta más popular es el carnaval, que se celebra en los días anteriores al Miércoles de Ceniza. Las festividades comienzan con un gran desfile. La gente lleva disfraces elaborados y pasa la mayor parte del tiempo bailando y cantando canciones tradicionales.

la Navidad se celebra mucho en Venezuela, y las familias suelen poner **nacimientos** y cantar por las noches. Los venezolanos celebran la Navidad desde mediados de diciembre hasta el 6 de enero. Tradicionalmente, son los tres Reyes Magos, y no Santa Claus, quienes llevan los regalos a los niños.

Las fiestas patronales, o días de los santos patrones, también son importantes. Cada pueblo de Venezuela tiene su propio patrón, cuyo día se celebra con trajes especiales y música. Cada pueblo tiene su propia forma de honrar a su santo.

La gente disfrazada se reúne en la calle para bailar y actuar durante los carnavales.

15

SONIDOS MELODIOSOS

La música nacional de Venezuela es el joropo. El joropo es un estilo de música folclórica que forma parte de un grupo más grande de estilos conocidos como música llanera. El joropo a veces se interpreta con poesía y danzas. Este estilo musical se toca tradicionalmente con arpas y maracas, aunque algunas regiones del país tienen otras tradiciones. Un instrumento popular en Venezuela es la gaita, que se escucha en los festivales y durante las Navidades.

El cuatro, una guitarra de cuatro cuerdas, es el instrumento nacional de Venezuela. También hay varios estilos de arpas, que se utilizan tradicionalmente en la música folclórica venezolana. En esta música se encuentran influencias españolas, africanas e indígenas. Los estilos musicales más populares son la salsa, el merengue y el reguetón. Óscar D'León, un músico famoso que ha publicado 60 álbumes, nació en Venezuela.

La música es una gran fuente de orgullo para los venezolanos. Tanto la Orquesta Sinfónica de Venezuela como la Orquesta Sinfónica Simón Bolívar atraen a grandes músicos de todo el país.

RITMO Y MOVIMIENTO

La danza es una parte de la cultura venezolana tan importante como la música. Los pueblos indígenas danzaban para celebrar los festivales y fiestas anuales. Estas danzas se mezclaron con las de los primeros colonos para crear las danzas que los artistas venezolanos interpretan hoy en día. La mayoría de los festivales venezolanos modernos incluyen alguna forma de música y danza tradicionales en sus celebraciones.

En Venezuela, el ballet es una mezcla de danza tradicional y estilos más modernos. El Ballet Internacional de Caracas representó la danza del joropo por toda América Latina y Estados Unidos en la década de 1970, mientras que muchas compañías actualmente hacen formas clásicas de ballet. Hoy en día, las danzas más populares son la salsa y la cumbia, la cual es más lenta que la primera.

Estos miembros del pueblo yukpa interpretan una danza tradicional para los espectadores del centro de Caracas.

19

A lo largo de los años, el arte venezolano ha tomado muchas formas diferentes. Antiguamente, la gente fabricaba las herramientas que necesitaba y producía artículos hechos a mano como instrumentos, cerámica, mantas y cestas. Se utilizaban materiales naturales, como cáscaras de coco, fibras de palma y lana, para crear estas obras llenas de colorido. Todavía hoy existe gente indígena que produce el mismo tipo de arte tradicional que sus antepasados.

Las tradiciones religiosas inspiraron muchas esculturas y cuadros durante el siglo XIX, aunque esta tendencia ha cambiado en años recientes. Muchos estilos diferentes influyen a los artistas modernos, quienes a menudo incluyen elementos **abstractos** en sus obras. Otro estilo que se ha vuelto popular es el arte cinético, en el cual los artistas crean piezas que se mueven o parecen moverse. En el arte venezolano moderno son comunes los colores y las formas audaces.

Arquitectura

En tiempos coloniales, los estilos artísticos españoles ayudaron a dar forma a la arquitectura venezolana. Los edificios eran muy sencillos y se hacían normalmente de ladrillos y tejas. Después de que Venezuela consiguió su independencia, los estilos abstractos se volvieron más populares y se destruyeron o renovaron muchos edificios antiguos. Hoy, Venezuela es famosa por combinar elementos de construcción tradicionales con otros modernos y abstractos. Caracas, la capital de Venezuela, es una de las ciudades más modernas del mundo.

La historia y la gente son las principales fuentes de inspiración para los escritores venezolanos. Antes de que Venezuela consiguiera su independencia de España, muchos de los libros que se escribían en el país tenían que ver con el gobierno. Estos incluían los escritos de Simón Bolívar, el líder del movimiento independentista. Después de la independencia de Venezuela, a principios del siglo XIX, otros **géneros** volvieron a ser populares.

El género más popular en Venezuela es la ficción histórica. Muchos autores han escrito acerca de la guerra de Independencia de Venezuela. La novela más famosa de Venezuela, que trata de un líder cruel, es *Doña Bárbara* (1929) de Rómulo Gallegos.

Arturo Uslar Pietri, novelista, periodista y político venezolano, fue uno de los primeros escritores latinoamericanos en utilizar el realismo mágico, un estilo que mezcla elementos irreales o imaginarios con los acontecimientos diarios.

Al poeta Andrés Bello se le considera el padre del intelectualismo latinoamericano. El intelectualismo es la creencia de que la razón es más importante que las emociones.

La leyenda de El Dorado

El Dorado fue un líder indígena legendario que, según cuentan, se cubría de polvo de oro durante los festivales y luego se sumergía en un lago para limpiarse. Esta historia y el descubrimiento de oro en las costas de América Latina llevó a mucha gente a creer que había una preciosa ciudad hecha de oro en América del Sur. Por este motivo, muchos exploradores españoles se adentraron en Venezuela y otros lugares en busca de esta ciudad. Nadie la encontró, pero su leyenda ha inspirado muchas historias desde entonces.

En Venezuela se comen tres comidas principales al día: un desayuno grande, un almuerzo también grande (alrededor del mediodía) y una cena ligera. Los frijoles, el arroz, la fruta y las verduras son comunes en los platos venezolanos; pero las recetas y los ingredientes varían en diferentes lugares del país. Los platos más famosos son las arepas (un pan hecho de harina de maíz) y las hallacas (una masa de maíz rellena de carne y envuelta en hojas de plátano). Las hallacas se sirven tradicionalmente en la época navideña.

Otras comidas típicas son las cachapas, que son pasteles rellenos. Los tequeños, que toman su nombre de la ciudad de Los Teques, son pasteles rellenos de queso o chocolate. Durante la época de los carnavales, se preparan platos más sofisticados. La paella y el talcarí de chivo (un tipo de estofado) son típicos.

pabellón criollo

En esta foto se muestra una cosecha de cacao. Venezuela produce 15,000 toneladas (13,607 tm) de cacao cada año. Los granos de cacao son populares en todo el mundo.

Platos especiales

El plato nacional de Venezuela, el pabellón criollo, se hace con arroz, frijoles negros y carne de res mechada. También puede contener plátanos, pimientos o un huevo frito. Mucha gente opina que este plato es un símbolo de las muchas culturas que han dado forma a Venezuela: la carne, de color café, representa a la gente indígena; el arroz blanco, a los europeos; y los frijoles negros, a los africanos llevados al país. Otros ven en cada tipo de comida un símbolo de la mezcla de las culturas venezolanas.

El béisbol es el deporte oficial de Venezuela. Hay ocho equipos que juegan en la liga de béisbol profesional del país. Muchos jugadores venezolanos han sido contratados por equipos estadounidenses, como los Yankees de Nueva York, los Cachorros de Chicago y los Rojos de Cincinnati. Otros deportes populares incluyen el fútbol, el baloncesto y el boxeo. El fútbol ha ganado popularidad en los últimos años.

Las carreras de caballos y las apuestas son pasatiempos populares, y Caracas tiene uno de los mejores hipódromos de América Latina. Las corridas de toros también tienen muchos aficionados y la mayoría de las ciudades venezolanas tienen su propia plaza de toros. En Caracas tienen lugar unas doce corridas de toros cada año. Normalmente, se hacen durante los carnavales, cuando llegan a la ciudad toreros de todo el mundo para competir.

Miguel Cabrera, quien aparece en esta foto, es un famoso jugador de béisbol venezolano.

GENTE IMPORTANTE

Los venezolanos admiran a las personas que han luchado para defender los derechos de su gente. Guaicaipuro fue un héroe indígena que vivió en Los Teques y luchó contra los españoles durante casi diez años. Sus acciones siguen siendo motivos de orgullo entre los venezolanos.

Una de las personas más importantes de la historia de Venezuela es Simón Bolívar. También conocido como el Libertador, Bolívar fue un líder militar que dirigió la lucha contra el dominio español en Venezuela. Su éxito en la batalla llevó al país a la independencia. Bolívar es la persona más importante del movimiento independentista venezolano.

Después de lograr la independencia, muchos líderes trabajaron arduamente para defender las libertades de los venezolanos. Rómulo Betancourt, un revolucionario que se oponía a las leyes injustas de Venezuela, se convirtió en presidente y trabajó para mejorar el país.

Yulimar Rojas compitió en las Olimpíadas de verano de 2016. Rojas, quien es atleta de campo y pista, es la primera campeona mundial de atletismo de Venezuela.

Venezuela ha cambiado mucho desde la época **precolombina**. A lo largo de todos estos cambios, la gente de Venezuela ha desarrollado una cultura singular. A pesar de los nuevos desafíos a los que se enfrenta el país, la cultura venezolana seguirá adaptándose.

Alrededor de 225,000 inmigrantes nacidos en Venezuela viven actualmente en Estados Unidos. Este número ha aumentado mucho durante la última década debido a los conflictos políticos que vive el país. Casi la mitad de los inmigrantes nacidos en Venezuela viven en Florida.

Los venezolano-estadounidenses comparten la riqueza de sus tradiciones culturales con sus nuevas comunidades y su nuevo país. Explorar diferentes culturas, como la de Venezuela, es la mejor forma de comprender y apreciar lo que cada persona puede aportar al mundo que todos compartimos.

GLOSARIO

abstracto: arte que no representa la realidad, sino que usa formas, colores y texturas para lograr cierto efecto.

antepasado: alguien de tu familia que vivió mucho antes que tú.

colonización: el hecho de establecer una colonia en un determinado lugar.

cultura: creencias y estilos de vida de cierto grupo de personas.

género: un estilo o tipo de literatura o arte.

herencia: tradiciones y creencias que forman parte de la historia de un grupo o una nación.

indígenas: las primeras personas que nacen y habitan un lugar.

inmigrante: persona que llega a otro país para vivir allí.

leyenda: una historia que nos llega del pasado y que se acepta tradicionalmente, pero que no puede ser comprobada.

nacimiento: un grupo de esculturas, o figuras, que representan el nacimiento de Jesús; también se le llama Belén.

nómada: el que no vive en un lugar fijo y se muda de un lugar a otro.

particular: especial o extraordinario.

precolombina: etapa histórica del continente americano anterior a la llegada de Cristóbal Colón.

ritual: ceremonia religiosa, sobre todo si consiste en una serie de acciones que se realizan en un determinado orden.

ÍNDICE

SITIOS DE INTERNET

Debido a la naturaleza cambiante de los enlaces de Internet, PowerKids Press ha elaborado una lista de sitios de Intenet relacionados con el tema de este libro. Este sitio se actualiza de forma regular. Por favor, utiliza este enlace para acceder a la lista: www.powerkidslinks.com/chd/venez